## はじめに

**「あかりをつけましょ　ボンボリに
　　　お花をあげましょ　桃の花…」***

　3月3日のひな祭りは、女の子の無病息災を祈る親たちの願いを形にしたものです。『源氏物語』に光源氏が10歳の若紫を「紙びな」で遊ばせるシーンは「ひいな遊び」のルーツとも言われていますが、貴族の紙人形遊びが、公家の世界から次第に富裕層を中心として全国の城下町へ、あるいはお城勤めの女性たちの姉様人形や遊戯折紙となって広がって行きました。それが日本各地に伝わる郷土色豊かなひな人形として残っているのです。

＊サトウハチロー作詞「うれしいひなまつり」より

# 目　次

はじめに ………………… 2
ひな人形と和紙 ………… 4
本書の成り立ち ………… 5
折り方の記号 …………… 9
基本の折り方 …………… 13
Hina Dolls ……………… 14

## 男　雛　15
　頭、体 ………………… 16
　着物 …………………… 21

## 女　雛　25
　頭、体 ………………… 26
　着物 …………………… 29

## 三人官女　33
　立っている官女 ……… 34
　座っている官女 ……… 45

## 五人囃子　48
　謡い …………………… 49
　太鼓 …………………… 59
　笛 ……………………… 61
　小鼓 …………………… 64
　大鼓 …………………… 65

## たとう　66
　花たとう ……………… 67
　六角たとう …………… 69

おりがみ会館の紹介 …… 73

## ひな人形と和紙

　1枚の和紙でさまざまな形を折り出す文化は、日本特有の芸術です。720年の『日本書紀』には、日本で紙が作られた最初の記録があります。大陸から伝えられた溜め漉きの技法から流し漉きという日本独自の製法を生み出し、薄い紙を作り出しました。そこから「折り畳む文化」の成長が始まりました。扇子や曹洞宗の僧侶が使う鉢単（僧侶の携帯用ランチョンマット）などは、現代までこの畳む文化が生きている一例です。

　仁徳天皇が創建したといわれる「淡嶋神社」（和歌山市加太）では、ひな流しの神事が有名です。3月3日午前11時半、雛納祭の後、白木の舟に形代（紙びな）を積み、神職や巫女、信者や参拝者が担いで供え物と一緒に海に流します。

　『源氏物語』の須磨の巻に、3月の初の巳の日上巳の日に陰陽師を呼んで河原で儀式を行った後、人形を舟に乗せて流し、桃酒を飲んだと記されていますが、身体に紙の人形を撫でつけて身の汚れを移す形代の風習が、年中行事になったのは室町後期でした。

　その他にも、藤原道長の栄華を主として前後15代200年間を描いた『栄花物語』には、法成寺金堂供養について述べた段に「蓮華の造花を色とりどりの紙で折り、その上に小さな仏像を乗せた・・・」や、「藤原道長が一夜の内に桜、梅の造花を折って、宮廷の女官たちをあっとおどろかせて、華美なる祝宴を開いた」などの描写があり、紙を折り、花を愛で、楽しんだことがわかります。

　江戸初期までは紙で作ったひな（立ちびな）を屏風の前に緋毛氈をひいて並べるだけでした。やがて商人たちの財力が豊かになり、材質も西陣といった布地の衣装びな「座りびな」へと移り、江戸後期には二段から、三段、五段へと段飾りも豪華になり華美を競うようになり、幕府より禁止令が出るほど派手になりました。

　明治以降、鶴亀、宝船、風船等のさまざまな折り紙造形は、庶民でも楽しむことができる遊びにもなります。明治の教育改革の折に初代文部大臣、森有礼の命を受け、色のついた正方形の紙「教育折り紙」を製造したのが初代幸助の営む染紙屋、後のお茶の水おりがみ会館です。さらに現代では両手を使い指先を使う折り紙の動作は脳の活性化につながるであろうと、シニアの老化防止、病院でのリハビリにも折り紙は採用されています。

## 本書の成り立ち

1845年（弘化2年）に、足立一之が模写した「かやら草」（斯哉等草）が発行されました。これには、当時言い伝えられていた50～56種類ほどの折り紙が記録されていました。公家や武士の子女の遊びとしての折り方が紹介されていたのです。明治時代になるとその本のひなを折りやすくするため、色違いの和紙で重ね折りした「古典雛」が内山道郎（号・光弘・1878～1967）さんによって考案されました。同氏は1903年には「光弘式折り紙」「光弘式花紋折り」「光弘式重ね折り」「光弘式染色」などを出版、さまざまに折り方を工夫したのです。その後関東大震災前後には、今でいう軽印刷（単式印刷）を発明、印刷会社を設立しました。そして1933年には「折り紙教本」「折り紙基本図集」「新案 折り紙の考察」などを刊行しました。

こうして内山さんから始まった「古典雛」は、その折り方を学んだ佐久間八重女（1890～1994）さんに伝わりました。同女は1990年に「新版 古典折り紙」（平凡社刊）を出版、当館で99歳の祝いの展示をしたこともあります。その後、長女の佐久間鳦子さんが技を引き継ぎ、2017年夏に、今までの貴重な折り紙の作品を当館に寄贈されました。

一方、1960年（昭和35年）に福音館書店から田中サタ著『折りびな』が発行されました。内山道郎（光弘）さんの「古典雛」は、田中サタさん（1906～2003）にも伝えられました。当時ベストセラー作家でもあった児童文学者の石井桃子（1907～2008）さんが監修したこともあり、同書はブームを呼びました。「敗戦後

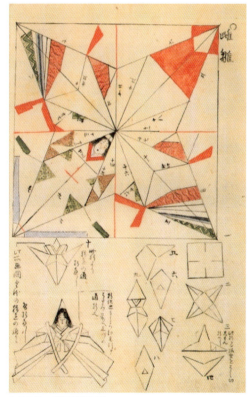

かやら草 （朝日新聞社蔵）

の焼け野原で、粗末ではあるが紙雛を作り、父親のいない雛祭りを母子で祝う姿…」という話が紹介され、多くの読者の共感を呼んだのです。と同時に、同書の特徴は裏表紙に付録として10㌢角の薄い手漉き美濃和紙が、ひな人形12人分ついており、この付録の和紙が人気の元でもあり、当時、この和紙なくしては出版は成り立ちませんでした。

　この和紙は菊判（紙の原紙寸法・636×939㍉）で3匁目（薄口）の美濃和紙に礬水引き加工（ミョウバンと膠の溶液をひいた紙）をしたものに、重ねの衣裳の下には刷毛で染色した極薄の色和紙を、上着には和紙に顔料で染め上げた紙に有職文様の型紙を捺染した江戸千代紙（当時は薄口の文様が存在しなかった）の2種類のタイプを用意したもので、大変手間のかかる技法でした。当時それができる職人は100年以上の歴史のある当館にしかいませんでした。

　その後も、同書の付録につけた和紙の発色や手触り感に加え、豪華さをしのぐものは他になく、同書が絶版になった後も、手に入れたいとの問い合わせが当館に全国から相次ぎました。同書がロングセラーになったのも、この付録の和紙が人気の一端を占めていたからと言えるでしょう。この出版が縁で、田中サタさんは当館講師にもなり、百貨店のイベントにも参加しました。

加藤 松次

岩橋 龍彦

久保 繁雄

浜田 榮次郎

萩原 利充

渡邊 隆政

　1982年には、当館の講師だった高濱利恵さん（1909～1999）が同書をリニューアル出版しました。

　このように江戸時代の「かやら草」から、内山さん、佐久間さん、田中さん、高濱さんへと明治、大正、昭和と語り継がれた「伝承の折りひな」を、世代を超え昔より愛好されている全国の皆様のご要望の多さに応え、改めて当館より館長の私小林一夫の監修で発行することになりました。今までの難解な折り方を修正し、少しでも折りやすいようにと付録には当館ならではの技を駆使した15㌢角の和紙48枚が添えられています。今まで以上に誰もが折りやすい大きさです。これによって親王皇后・三人官女・五人囃子を折ることができます。

　親子で、そして子から孫へと伝えていきたいのが日本の心です。季節にかかわらず毎日ひとつひとつ、3月のひな祭りに向けて人形を折りためる楽しさは、心を豊かにするとともにきっと皆さまの健康にもお役に立つことでしょう。

# 折り方の記号

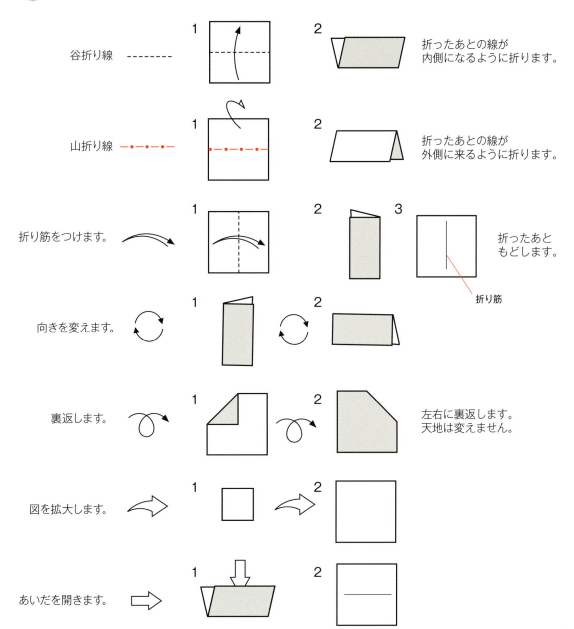

## 折り方の記号

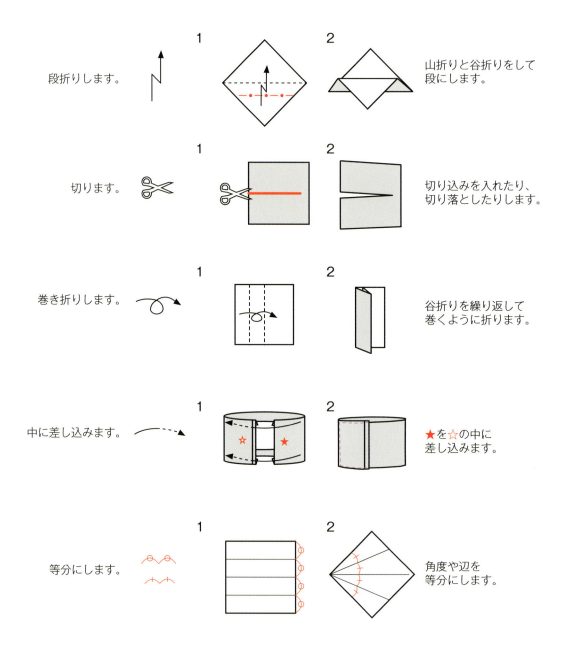

折り方の記号

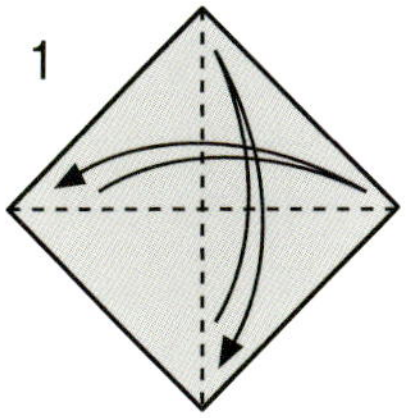

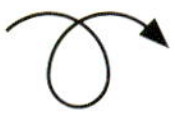

【四角折り】

1　折り筋をつけます。

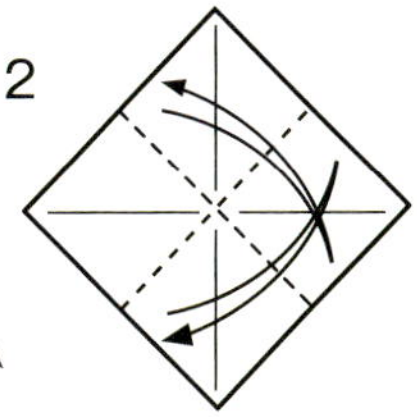

2　折り筋をつけます。

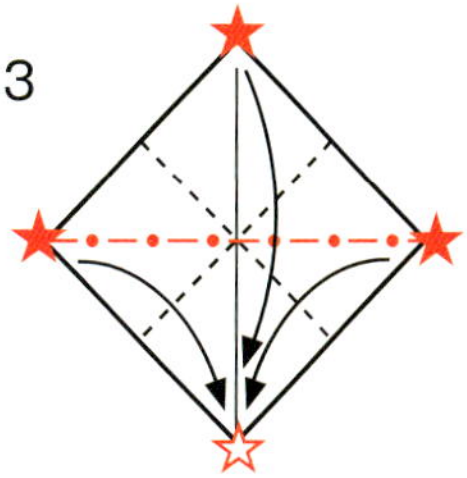

3　★が☆につくようにたたみます。

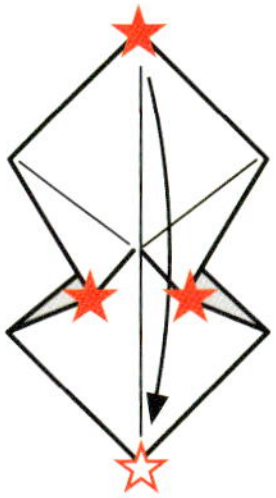

4　途中の図

5　出来上がり

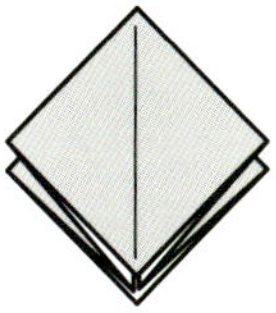

【三角折り】

1　折り筋をつけます。

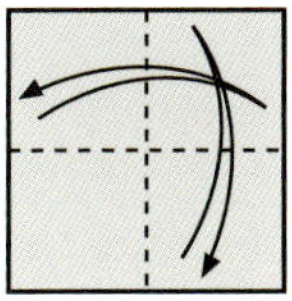

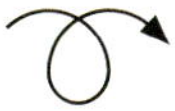

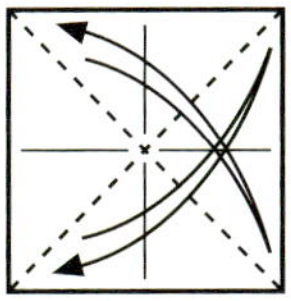

2　折り筋をつけます。

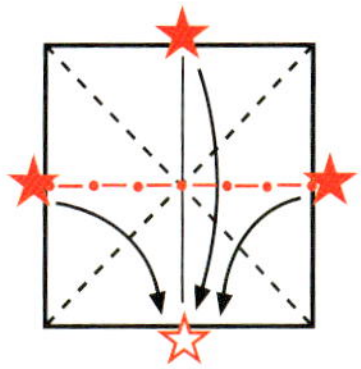

3　★が☆につくようにたたみます。

4　途中の図

5　出来上がり

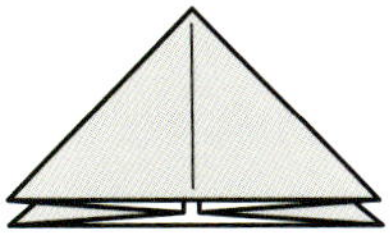

■ 折り方の記号

【中割折り】　1　　　　　2　　　　　3　　　　　4

折り筋をつけます。　あいだを開いて谷折りを山折りに変えます。　内側に入れるように折ります。　出来上がり

【かぶせ折り】　1　　　　　2　　　　　3　　　　　4

折り筋をつけます。　あいだを開いて山折りを谷折りに変えます。　かぶせるように折ります。　出来上がり

## 基本の折り方　アレンジ：高浜 利恵

上着、下着、袴、髪、顔用用紙…各1枚

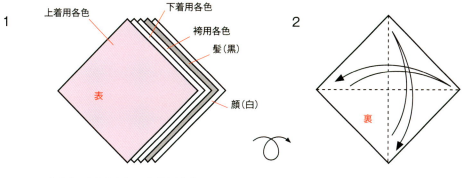

1. 上から、表を上にして上着用各色→下着用各色→袴用各色→髪（黒）→顔（白）と重ねます。

2. 5枚重ねたまま折り筋をつけます。
（わかりづらいので1枚のように書いてあります。）

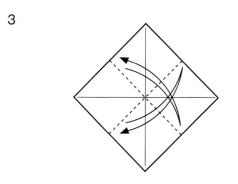

3. さらに折り筋をつけます。
（わかりづらいので1枚のように書いてあります。）

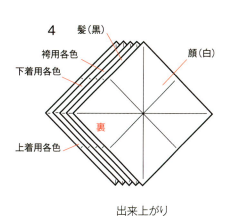

4. 出来上がり

# Hina Dolls

In Japan families with daughters observe the "Hina Doll Festival" on the 3rd of March. Towards the end of February, they put out tiered stands covered with scarlet felt, on which an elaborate set of fifteen dolls is displayed. This lovely custom originated in the Imperial Court over 300 years ago.

Until the late feudal era—some 100 years ago, it was an event observed only by the nobility. With the turn of the century, it has been popularized and now the Doll Festival—Hina Matsuri in Japanese—is held in all partvountry.

The dolls represent the Emperor and Empress, ladies-in-waiting, ministers, court musicians and Imperial guards. The Festival is a cherished part of Japanese cultural traditions, and almost all Japanese folders create their original origami Hina dolls. Some folders' are very simple and others' much elaborated with many layers of paper. The method to fold models with many layers of paper is called "Kasaneori." Since my girlhood I have enjoyed folding Hina dolls in this multi-layered technique which is particularly suitable to the representation of people in many-layered formal costumes of Japan. The dolls compiled in this booklet are among what I devised employing the technique our ancestors created.

A full Hina set comprises fifteen human figures and numerous accessories. On the top level sit the royal couple—the Emperor is at my left and the Empress at the right. On the second level are three ladies-in-waiting-one seated in the middle and one standing on each side. On the third level is the court orchestra—three drummers, a piper and a singer. On the fourth shelf there stand two ministers—the Left Minister and the Right Minister-armed with bows and arrows and swords. The fifth level bears three guardsmen, or sometimes three drinkers.

When I was a small girl the Hina Doll Festival was one of the happiest days of the year. Nowadays people are too busy. They will easily drive out even excellent traditions, calling them old-fashioned and mossgrown. Things related to the Festival, furniture, household effects, lamps, carriages and palanquins—all are delicate and beautiful, full of feminine grace and tenderness. Mothers in former days might have intended to teach their daughters to cultivate their sense of delicacy while young.

(Toshie Takahama)

# 男　雛
The Emperor (OBINA)

 男 雛

## ▌頭、体

黒金柄（鳳凰）、薄黄、濃紫、黒、白…各1枚

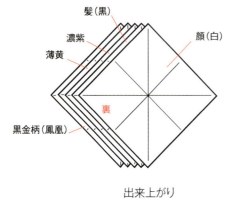

出来上がり

1

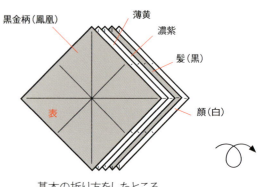

基本の折り方をしたところ
表側から見ています。

2

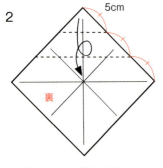

3等分にして巻き折りします。
折ったところが正面になります。

3

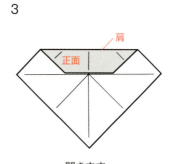

開きます。

4

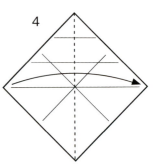

半分に折ります。

（わかりづらいので1枚のように書いてあります。）

男　雛

黒・白

5

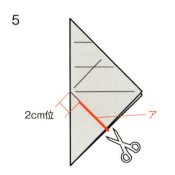

p.13の【基本の折り方】3図でつけた折り線アに赤線通りに切り込みを入れます。

6

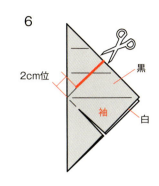

黒、白の2枚を順に重ねたまま赤線通りに切り込みを入れて開きます。

7

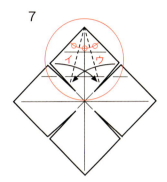

2枚一緒にイ、ウの順に折ります。

※ここで五枚のうち黒、白以外の3枚を外します。

白

8

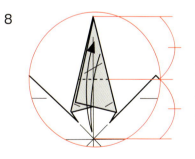

半分に折って折り筋をつけます。

9

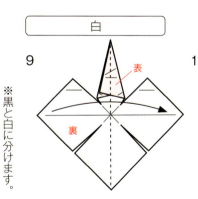

白のみ半分に折ります。

※黒と白に分けます。

10

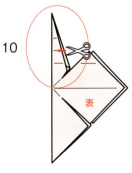

8図でつけた折り筋でまとめて赤線通り（半分くらい）まで切り込みます。

■ 男　雛

黒

11

切ったところ

12

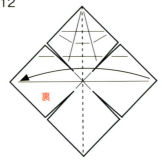

黒を開いて半分に折ります。

13

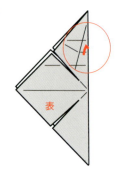

半分より上の位置から切り始め赤線のように切ります。下の14図参照

黒・白

14

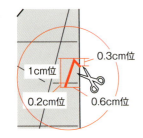

赤線通りに切り込みを入れて開きます。

15

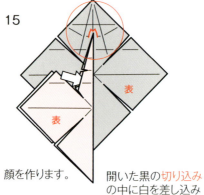

顔を作ります。

開いた黒の切り込みの中に白を差し込み開きます。

16

差し込んでから開きます。

## 17

p.17-7図イ、ウの折り線を使って差し込んだ白に合わせて山折りし、のりづけします。19図参照

## 18

折ったところ
☆の線は21図で使います。

## 19

白と黒のあいだにハサミを入れて赤線通り(下の白の切り込みより少し下)に切り込みを入れます。点線の内側が17図ののりづけ部分です。

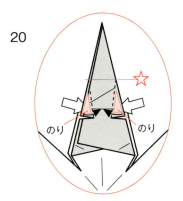

## 20

黒のみ18図の☆の線まで三角に折りのりづけします。

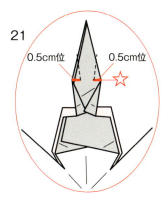

## 21

19、20図と同様に切り込みを入れて斜めに折りのりづけします。

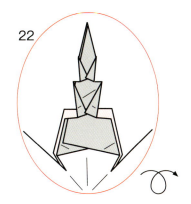

## 22

折ったところ

■ 男　雛

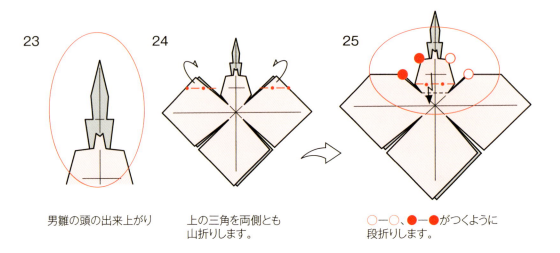

23　男雛の頭の出来上がり

24　上の三角を両側とも山折りします。

25　○―○、●―●がつくように段折りします。

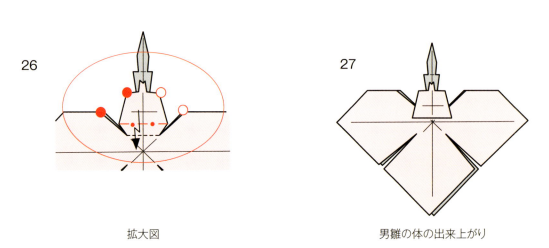

26　拡大図

27　男雛の体の出来上がり

男　雛

## 着物

p.17-6図の前で外した黒金柄（鳳凰）、薄黄、濃紫…各1枚

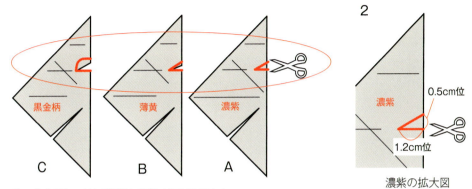

A、○の中を3枚一緒に濃紫の赤線を切り取ります。
　　濃紫を外します。
B、残り2枚一緒に薄黄の赤線を切り取ります。
　　薄黄を外します。
C、最後の黒金柄を赤い曲線で切り取ります。
　　開いて全部元通り重ねます。

切り取る大きさは濃紫を目安に少しずつ大きくしていきます。

3枚切って重ねたところ

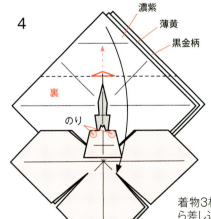

着物3枚の裏側の赤線部分に頭から差し込み谷折りし、図の位置に少しのりをつけて体を上着(3枚とも)に貼ります。

# 男　雛

5

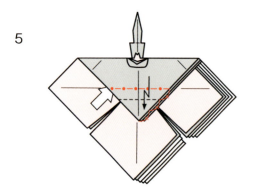

着物3枚（黒金柄・薄黄・濃紫）を
一緒に段折りします。

6

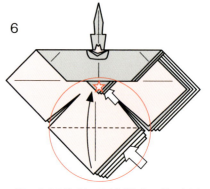

○の中を3枚（白・黒・濃紫）を一緒に折り
☆の下に差し込みます。

7

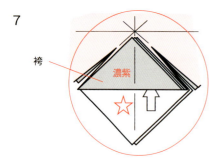

折ったところ（袴）
あいだを開いて☆部分を折ります。

8

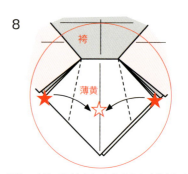

2枚一緒に★が☆にあうように折ります。

9

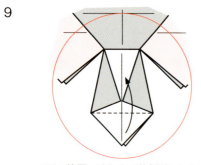

図の位置でまとめて谷折りします。

10

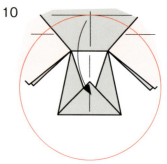

7図で上げた3枚を戻します。

男　雛

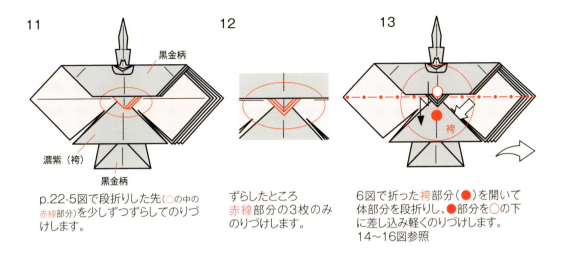

11 p.22-5図で段折りした先(○の中の赤線部分)を少しずつずらしてのりづけします。

12 ずらしたところ
赤線部分の3枚のみのりづけします。

13 6図で折った袴部分(●)を開いて体部分を段折りし、●部分を○の下に差し込み軽くのりづけします。
14〜16図参照

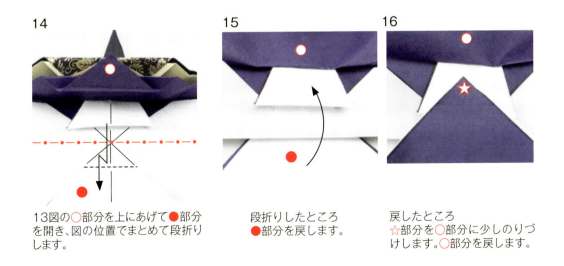

14 13図の○部分を上にあげて●部分を開き、図の位置でまとめて段折りします。

15 段折りしたところ
●部分を戻します。

16 戻したところ
☆部分を○部分に少しのりづけします。○部分を戻します。

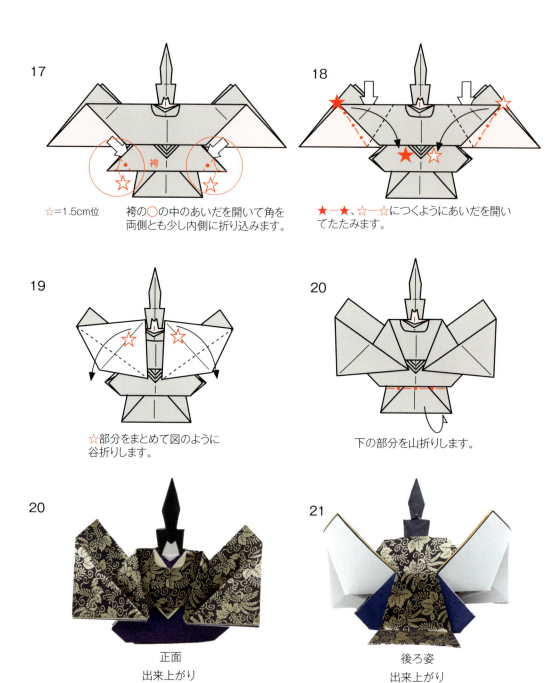

# 女 雛

The Empress (MEBINA)

 女雛

## ■ 頭、体

赤金柄（鳳凰）、緑、赤、黒、白…各1枚

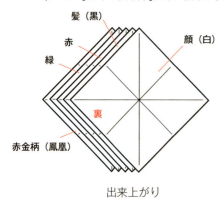

p.13の【基本の折り方】通りに折ります。

出来上がり

1　基本の折り方をしたところ　表側から見ています。

2

p.16-2図〜p.18-12図まで同様に折ります。

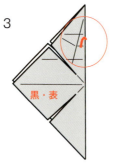

3　黒の半分より上の位置から切り始め赤線のように切ります。
4図参照

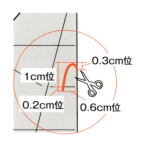

4　赤線通りに切り込みを入れて開きます。

女雛

5

p.18-15、16図と
同様にします。

6

○の中で頭を作ります。

7

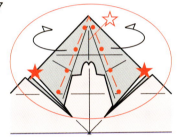

★が☆にあうように山折りしてのり
づけします。

8

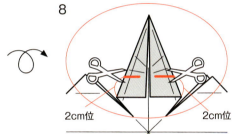

白と黒のあいだにハサミを入れて赤
線通り(下の白の切り込みより少し下)に切
り込みを入れます。
p.19-19図参照

9

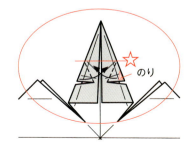

8図で切った角を☆の線まで谷折り
をして角が重なったところをのりづけ
します。

## 女 雛

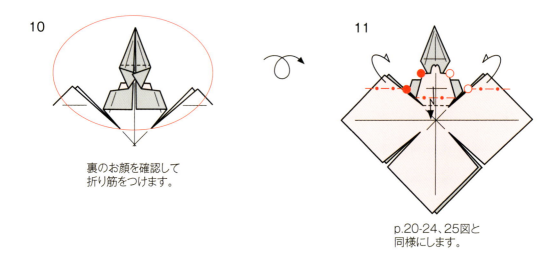

10 裏のお顔を確認して折り筋をつけます。

11 p.20-24、25図と同様にします。

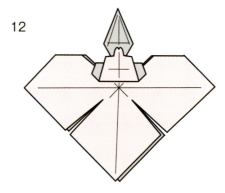

12 女雛の体の出来上がり

# 女雛

## ■ 着物

p.26-2図を折ってから外した3枚を使います。

赤金柄(鳳凰)、緑、赤…各1枚

**1**

**2**

p.21-1～3図までと同様にします。

**3**

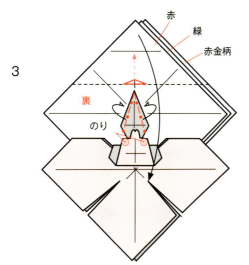

頭部分が男雛より大きいため、頭の両側を折り線通りに少し山折りします。着物3枚の裏側の赤線部分に頭から差し込み谷折りし、図の位置に少しのりをつけて体と着物3枚を貼ります。

**4**

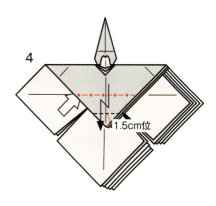

着物3枚(赤金柄・緑・赤)を一緒に図の位置で段折りします。3図で折った頭を戻します。

29

# 女雛

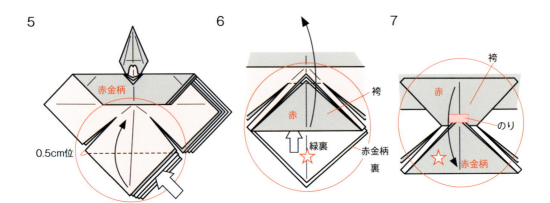

5 ○の中の3枚(白・黒・赤)を図の位置でまとめて谷折りします。

6 折ったところ(袴)あいだを開いて☆部分も2枚まとめて袴と同様に折ります。

7 袴と☆(上着)を図の位置でのりづけして袴を下に戻します。

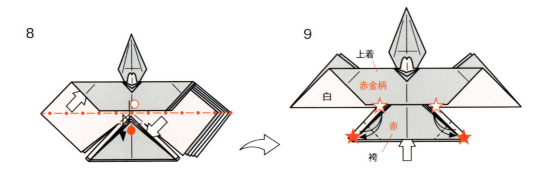

8 p.23-13〜16図までと同様にしのりづけします。

9 あいだを開いて袴のみ★が☆にあうように折り筋をつけます。

女雛

10

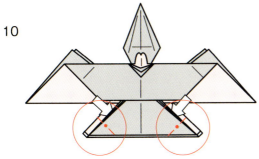

袴の○の中のあいだを開いて両側とも角を9図でつけた折り線を山折りに変えて、男雛の袴(p.24-17図)と同様に内側に折り込みます。

11

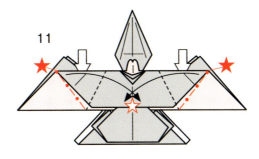

★が☆のあたりで重なるようにあいだを開いてたたみます。

12

5枚まとめて図のように斜めに折ります。
髪は折り筋で山折りします。

13

正面
出来上がり（手の先は左が上です。）

14

後ろ姿
出来上がり

15

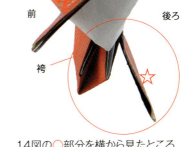

14図の○部分を横から見たところ

付録の折り紙には、お雛様本体の用紙以外に「段飾り紙」が入っています。これは縦の縞を横に1〜2cm位の幅で切り取り男雛と女雛の前に置いて飾ります。ほかの官人の前には飾りません。

# 三人官女

Three Court Ladies (San'nin-kanjo)

## 三人官女

**■ 立っている官女**

白(小桜)、赤、黒、白…各1枚

p.13の【基本の折り方】通りに折ります。

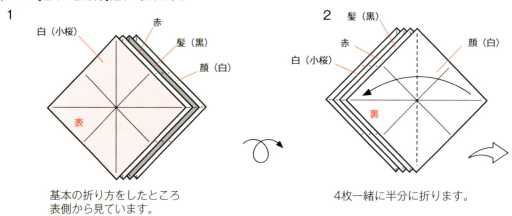

1  基本の折り方をしたところ 表側から見ています。

2  4枚一緒に半分に折ります。

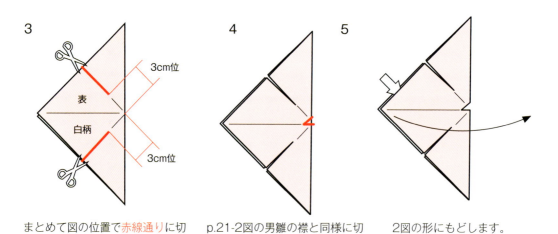

3  まとめて図の位置で赤線通りに切り込みを入れます。

4  p.21-2図の男雛の襟と同様に切り取ります。

5  2図の形にもどします。

(わかりづらいので1枚のように書いてあります。)

三人官女

### ■頭

白、黒2枚を使います。

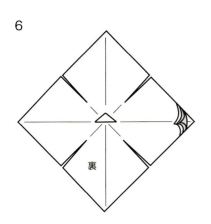

6
4枚一緒にここまで折ります。

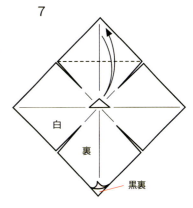

7
白、黒2枚一緒に折り筋をつけます。

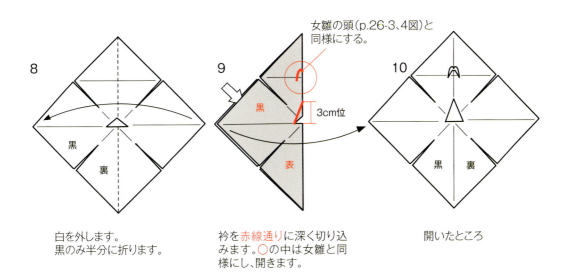

8
白を外します。
黒のみ半分に折ります。

9
衿を赤線通りに深く切り込みます。○の中は女雛と同様にし、開きます。

女雛の頭(p.26-3、4図)と同様にする。

3cm位

10
開いたところ

■三人官女

11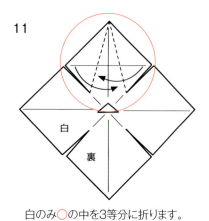

白のみ○の中を3等分に折ります。

12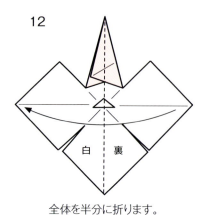

全体を半分に折ります。

13

1/2強
切り込む
1/2
1/2

p.35-7図でつけた折り筋を
まとめて1/2強切り込みます。
開きます。

14

開いたところ

15

p.35-10図の黒の中に差し込みます。

三人官女

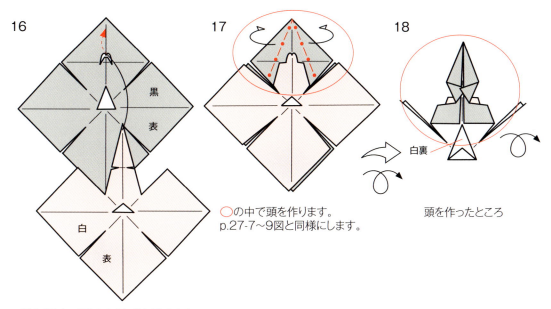

○の中で頭を作ります。
p.27-7〜9図と同様にします。

頭を作ったところ

黒を表にして図のように差し込みます。

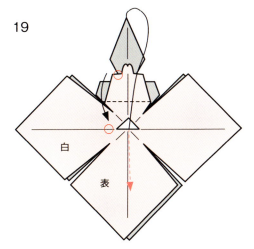

女雛の頭と同様に両側を少し折ってから○が○
につくように真ん中の衿の中に差し込みます。

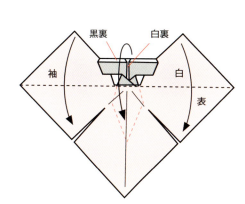

両袖を谷折りしながら後ろにある頭を
持ち上げるようにします。

## 三人官女

**21**

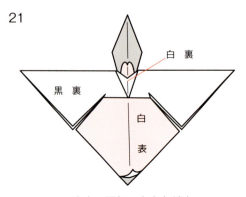

官女の頭部の出来上がり
3人とも最初からここまでは同じです。

**22**

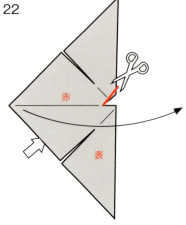

袴用の赤の用紙を半分に折り、図の位置でさらに少し切ってから、開きます。

**23**

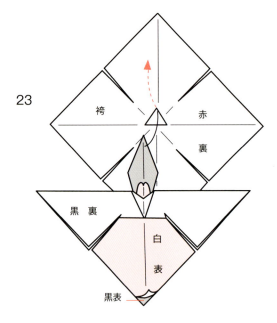

頭を袴の衿の中に差し込みます。

**24**

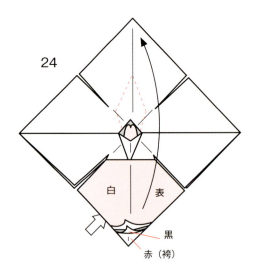

上の1枚を上に持ち上げます。
同時に頭を下に下げます。

三人官女

25
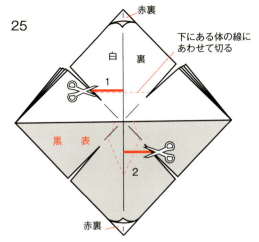
下の体にあわせて1を白と赤一緒に切ります。その後2を1にあわせて黒と赤一緒に切ります。

26
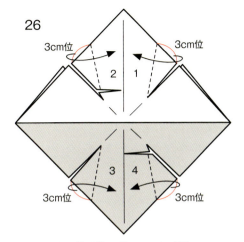
それぞれ2枚一緒に1〜4の順に図の位置で谷折りします。

27
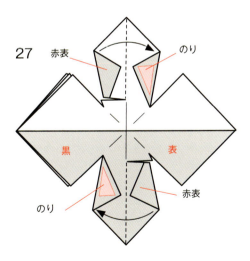
図の位置で谷折りしてのりづけします。

28
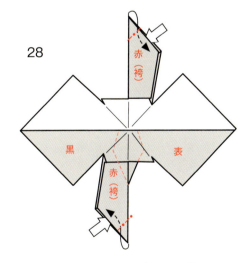
あいだを開いて角を1/3位内側に折り込みます。

■三人官女

29
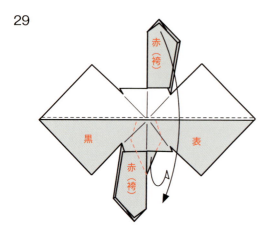
両足をそろえるように折りながら頭を上に持ち上げます。

30
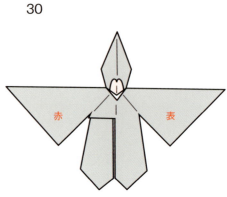
立ち姿の官女の体の出来上がり

31
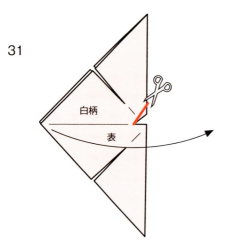
上着用の白柄の用紙を半分に折り、図の位置で袴よりさらに多めに切り取ります。開きます。

32
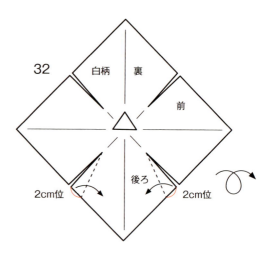
図の位置で両側を谷折りします。

三人官女

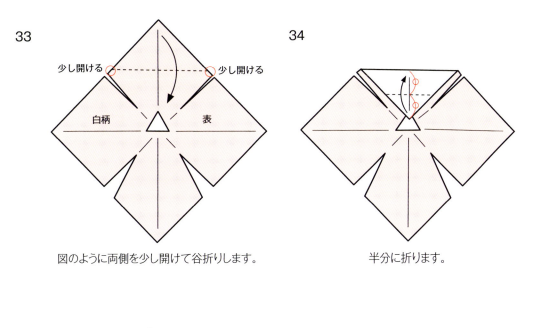

33 図のように両側を少し開けて谷折りします。

34 半分に折ります。

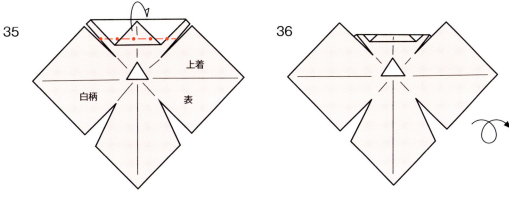

35 図の位置で山折りします。

36 折ったところ

# 三人官女

37

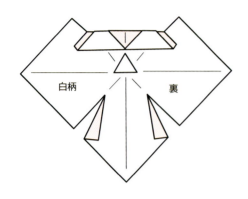

p.40-30図の体を衿の中に差し込みます。

38

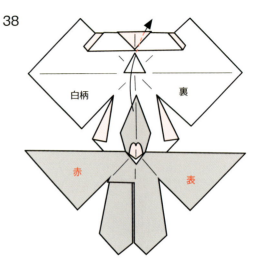

差し込むところ
頭を少し細く折ると差し込みやすくなります。

39

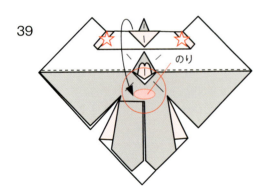

上着を下ろして袴に重ねます。
○の中を少しのりづけします。
☆は42図で使います。

40

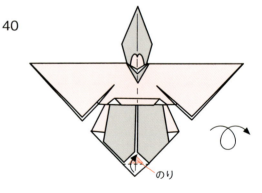

下の三角を半分に折ってのりづけします。

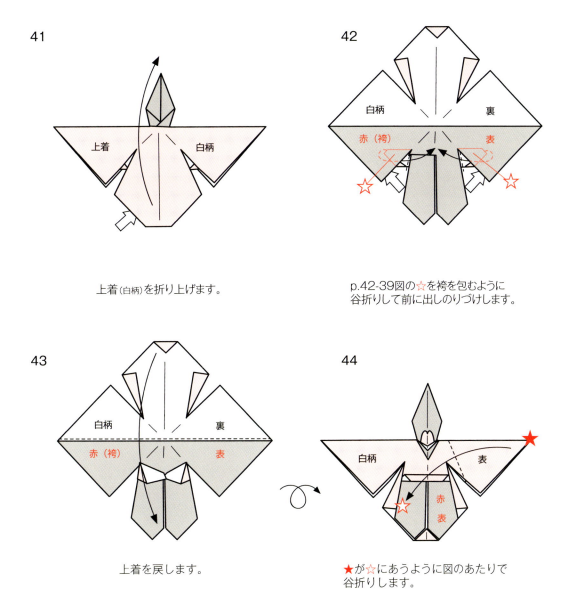

■三人官女

45

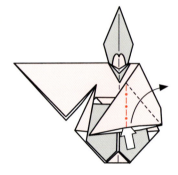

あいだを開いて袖の用紙4枚をそろえて四角になるようにつぶします。

46

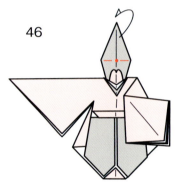

片袖の出来上がり。左側の袖もp.43-44〜p.44-46図まで同様にします。髪を女雛と同様に山折りします。

47

立っている官女〈長柄・銚子〉の出来上がり

## 座っている官女

上着(白柄)をp.40-31〜32図(32図の下は両側とも折らない)、p.41-33図〜p.42-37図まで同様に折ります。

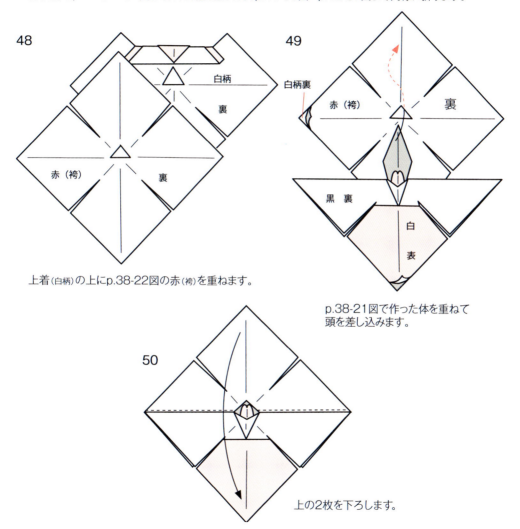

■三人官女

51

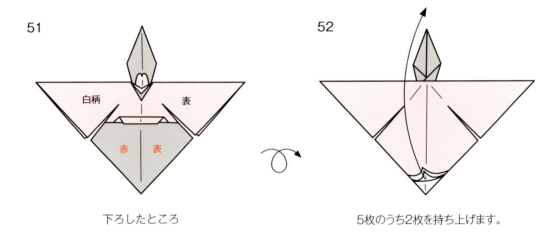

下ろしたところ

52

5枚のうち2枚を持ち上げます。

53

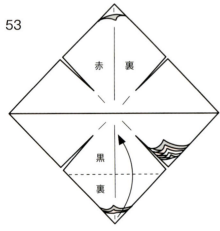

3枚まとめて図の位置で谷折りします。

54

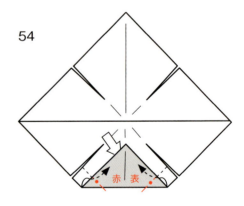

あいだを開いて3枚まとめて内側に
折り込みます。

46

三人官女

55
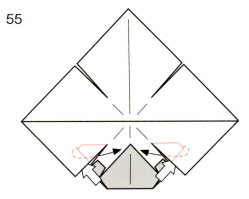
p.43-42図と同様にあいだを開いて
両側から引き出して折ります。

56
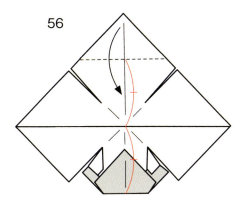
2枚まとめて図の位置で谷折りします。

57
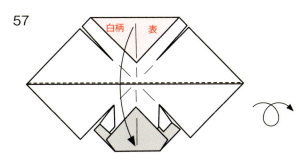
半分に折って重ねます。

58
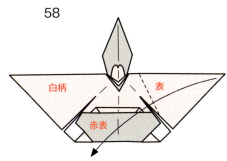
図の位置で谷折りします。

59
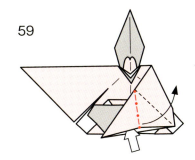
あいだを開いて袖が四角く
なるようにつぶします。

60
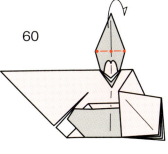
片袖の出来上がり。左側も58～60
図と同様にします。髪は図の位置で
山折りします。

61

座っている官女〈盃〉の出来上がり

# 五人囃子

Five Court Musicians (Gonin-bayashi)

 五人囃子

## 謡 い

**赤白柄(亀甲)2枚、紺、黒、白各1枚**

p.13の【基本の折り方】通りに折ります。

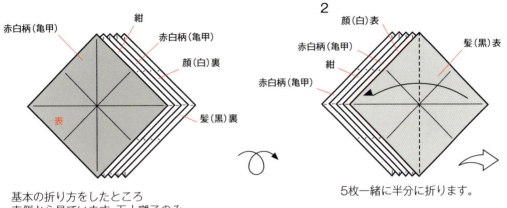

1　基本の折り方をしたところ表側から見ています。五人囃子のみ黒と白は表から見て裏を出します。

2　5枚一緒に半分に折ります。

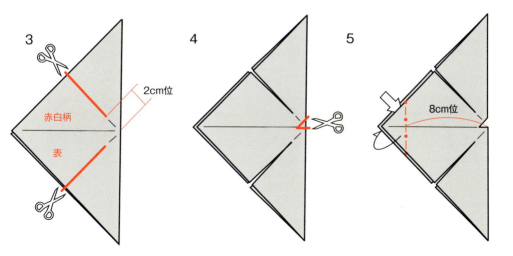

3　まとめて切り込みを入れます。

4　p.21-2図の男雛の襟と同様に切り取ります。

5　あいだを開いて5枚ずつ山折りして内側に折り込みます。裏も同様にします。

（わかりづらいので1枚のように書いてあります。）

■ 五人囃子

6

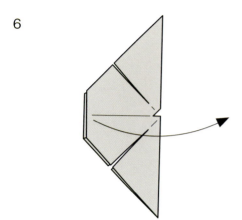

折ったところ
開きます。

7

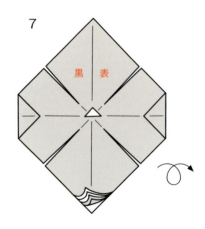

開いたところ
このまま白と黒2枚を外します。

8

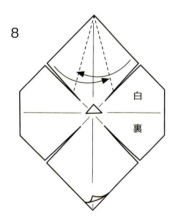

7図で外してそのまま裏返し
た白と黒を2枚一緒に谷折り
します。

9

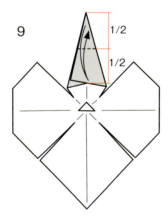

図の位置で折り筋をつけます。

10

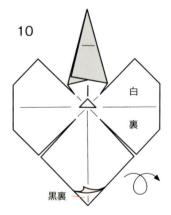

折り筋をつけたところ
2枚一緒はここまでです。

五人囃子

11 白

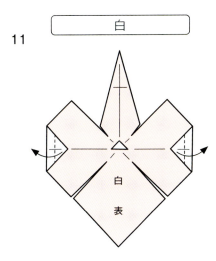

両側とも手の先が少し出るように谷折りします。

12

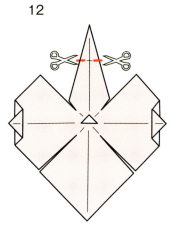

9図でつけた折り線に両側から切り込みを入れます。

13

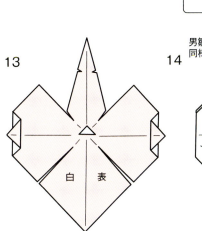

切ったところ

14 黒

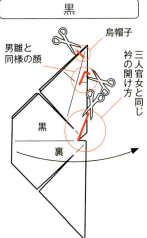

黒1枚を半分に折って3か所に赤線通りに切り込みを入れて開きます。

15

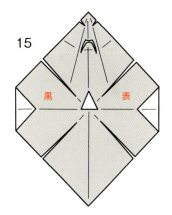

開いたところ
黒の表が上です。

# 五人囃子

**16**

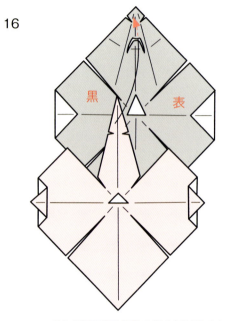

p.51-13図の頭を黒の顔の切り込みに差し込みます。

**17**

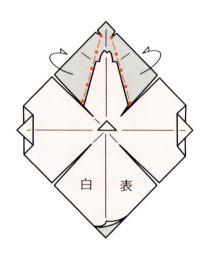

2枚一緒に折り線で山折りします。

**18**

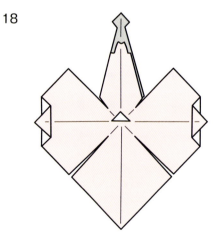

山折りしたところ

**19**

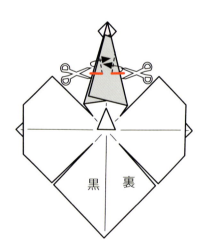

黒のみ下の白の切り込みより少し下に切り込みを入れ三角に折りのりづけします。

五人囃子

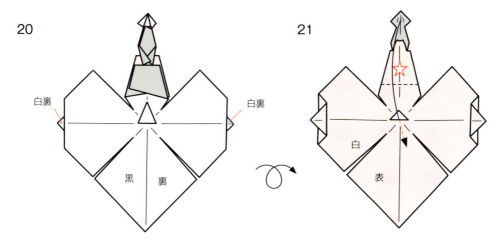

20 折ってのりづけしたところ

21 三人官女と同様に頭部分をまげて衿に通します。☆のあたりがたるんだ場合は☆のあたりの白い用紙を少し引いて首を落ち着かせます。

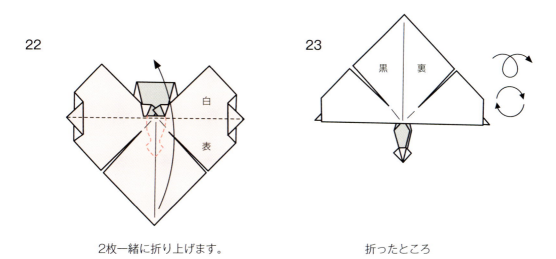

22 2枚一緒に折り上げます。

23 折ったところ

# 五人囃子

### 24

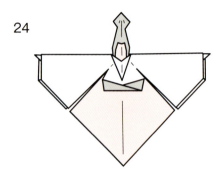

五人囃子の頭の出来上がり。5人とも最初からここまでは同じです。

### 25

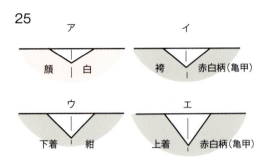

ア〜エの順に衿のあきを少し深くしていきます。

### 26

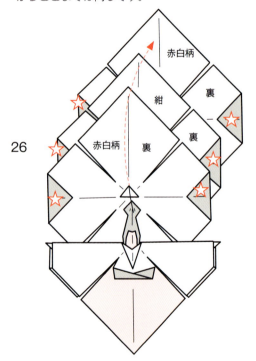

25図で衿を切り取った残りの3枚をそれぞれの☆部分を別々に折り直し24図で出来上がった頭を差し込んでいきます。

### 27

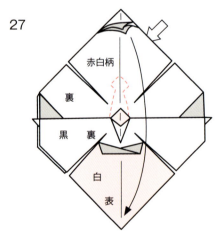

あいだを開いて上の1枚(赤柄)を前に下ろします。

28

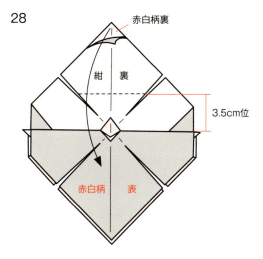

上の2枚を一緒に図の位置で
谷折りします。

29

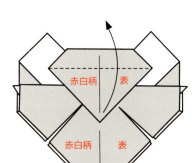

28図で折った2枚を一緒に図の
位置で谷折りします。

30

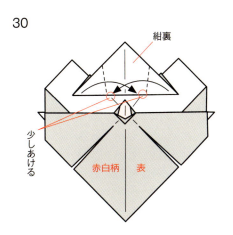

29図で折った三角の両側の角を真ん中で
重なるように谷折りします。

31

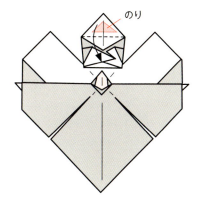

さらに谷折りしてかぶせてのりづけします。

## 五人囃子

32

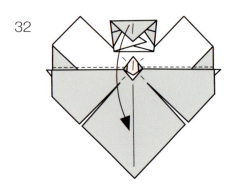

下に重ねるように上を下ろします。

33

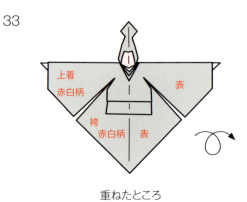

重ねたところ

34

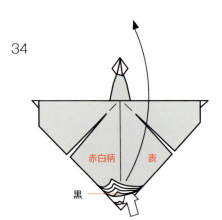

あいだを開いて上から4枚(4枚目は黒)を折り上げます。

35

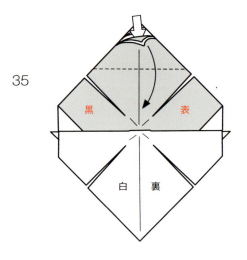

あいだを開いて2枚折り下げて袴を作ります。

36

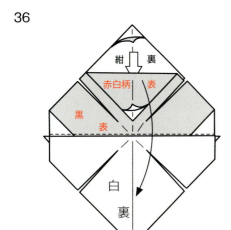

あいだを開いて全体を半分のところで折り下げます。

37

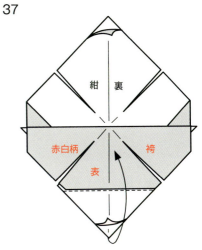

35図で折った部分にかぶせるように下の2枚を谷折りします。

38

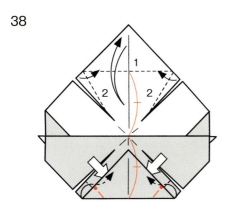

1は折り筋をつけます。それにあわせて2を折ります。下は両側の角を内側に折り込みます。

39

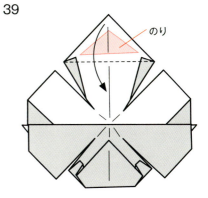

38図でつけた折り筋で谷折りしのりづけします。

▌五人囃子

40

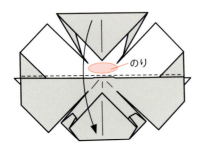

全体を半分に折って下ろします。
中央を少しのりづけします。

41

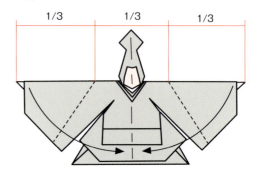

図の位置で谷折りします。
手先は膝の上に来るようにします。

42

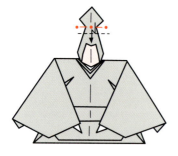

烏帽子を段折りしてのりづけします。袖口は
そろえて中で少しのりづけして止めましょう。

43

出来上がり

# 五人囃子

## ■ 太 鼓

### 44

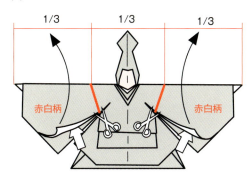

〈謡い〉の41図より上の1枚のみ赤線通りに切り込みを入れ上げます。

### 45

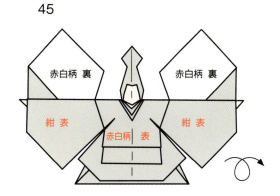

上げたところ

### 46

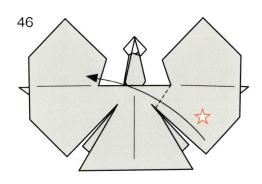

☆部分を図の位置で谷折りします。

### 47

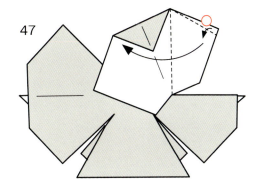

谷折りすると◯部分が少しはみ出します。
そのはみだした部分も谷折りします。

五人囃子

48

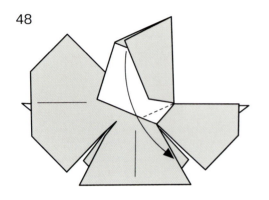

斜めに谷折りします。

49

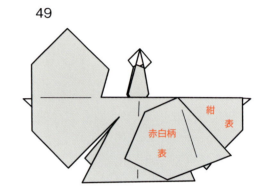

折ったところ
反対側もp.59-46図〜p.60-49図まで
同様にして重ねます。

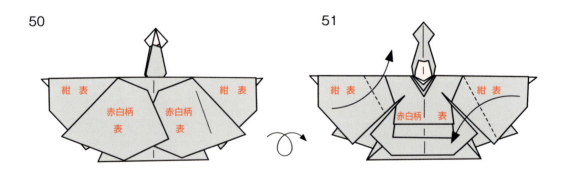

50

折ったところ

51

太鼓なので左手は〈謡い〉と同じ
下に折り右手は高く上げます。

五人囃子

52　烏帽子を段折りしてのりづけします。

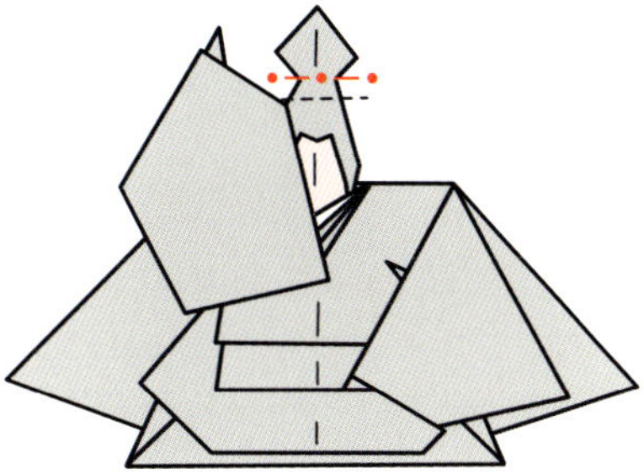

53　〈太鼓〉の出来上がり

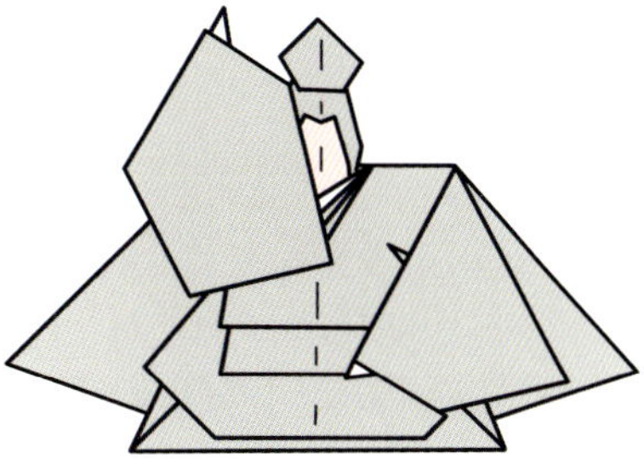

## 笛

54　〈太鼓〉の51図より〈笛〉は左手を口のあたりに右手で笛を横に支えているように折ります。

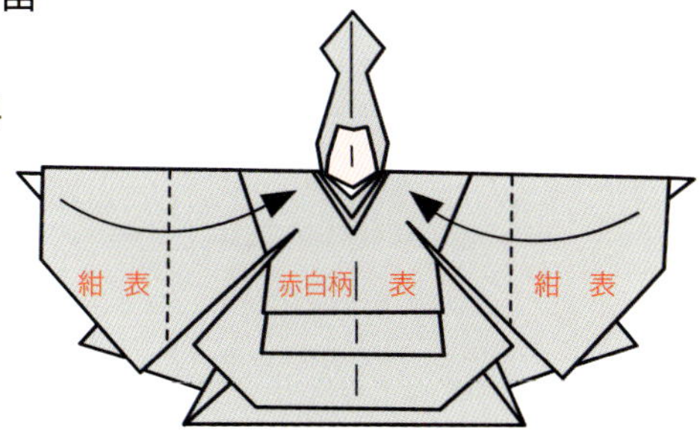

紺　表　　赤白柄　表　　紺　表

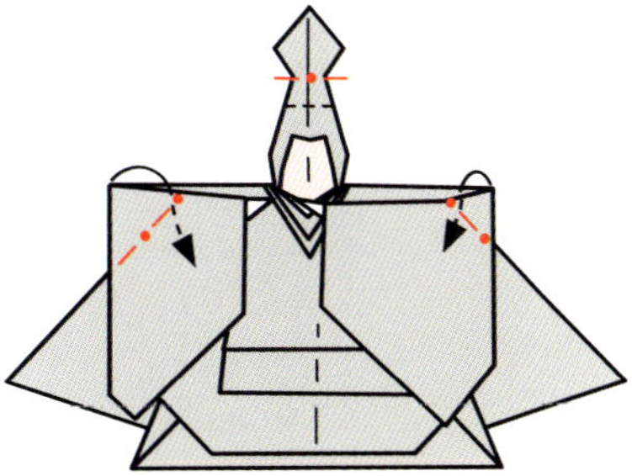

55　両肩を少し中割りします。
烏帽子は段折りしてのりづけします。

56　〈笛〉の出来上がり

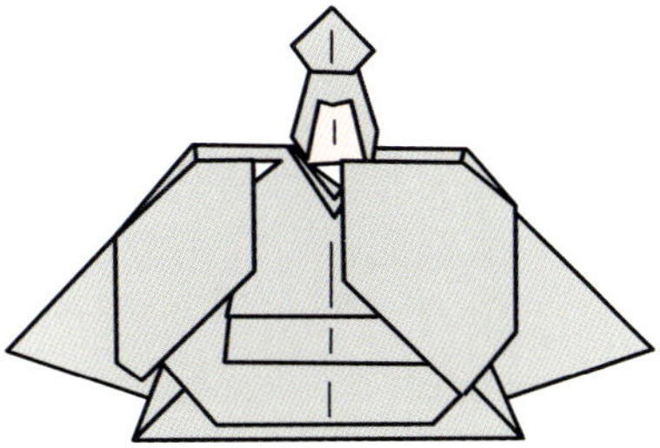

61

# 五人囃子

[ 立っている五人囃子 ]

## ■ 小 鼓

p.49-1図〜p.56-35図まで同様に折ります。

57

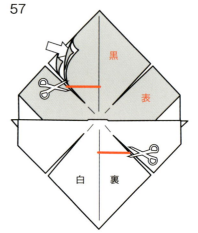

上下ともあいだを開いて上の2枚のみ赤線通りに切り込みます。p.39-25図の三人官女の袴と同じになります。

58

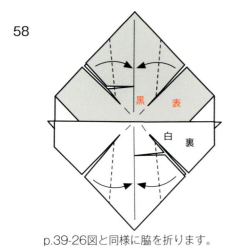

p.39-26図と同様に脇を折ります。

59

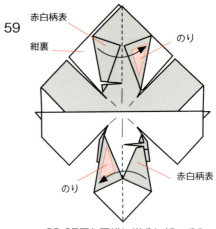

p.39-27図と同様に半分に折ってのりづけします。

五人囃子

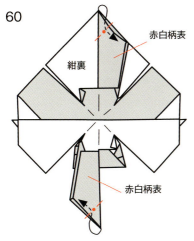

60 袴の先を三角に折り込みます。

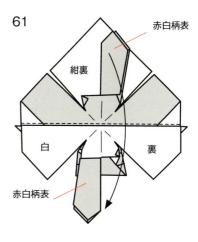

61 赤白柄(袴)のみ折り下げそろえます。

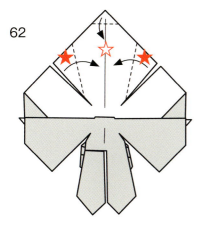

62
☆部を2枚一緒に図のように折ります。
★は下の袴のわきにあわせて折ります。

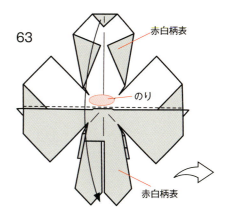

63
全体を半分に折り重ねます。
少しのりをつけるとしっかりします。

■ 五人囃子

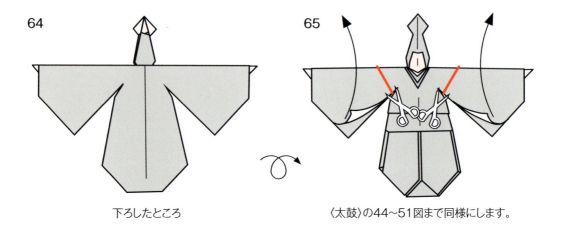

64　下ろしたところ

65　〈太鼓〉の44〜51図まで同様にします。

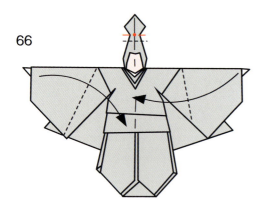

66　〈小鼓〉は左手を右肩で鼓をもち右手でたたくようにします。烏帽子は段折りしてのりづけします。

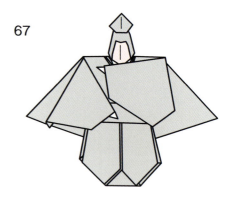

67　出来上がり

## ■ 大鼓

68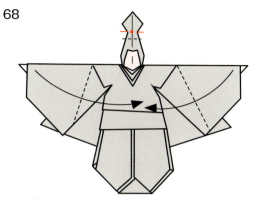

〈大鼓〉は〈小鼓〉の66図より左手で鼓を左わきに抱え右手で打つ形になります。烏帽子は他と同様にします。

69

出来上がり

# たとう

folding paper-case (tatoh)

# 花たとう

1

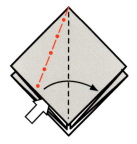

p.11の【四角折り】より、折り筋をつけて開いてつぶします。

2

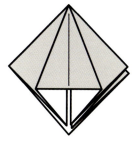

折ったところ
残り3カ所も同様にします。

3

折り筋をつけて表が上になるように開きます。

4

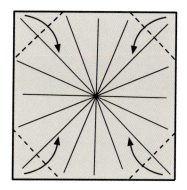

角を図のように折ります。

■たとう

5

折ったところ

6

★が☆(中心)につくように谷折りし全体に折り筋をつけます。その後★を☆にあわせて折ります。

7

この部分のみ押さえる。

●が○にあうように折ります。（8図参照）

8

折っているところ
残りも同様に折っていきます。

9

10

68

## 六角たとう

■たとう

1

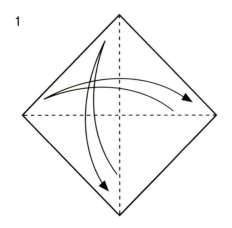

三角に折って、折り筋をつけます。

2

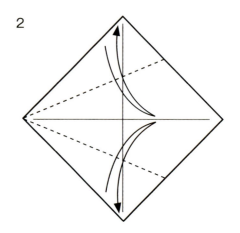

真ん中の線にあうように
折り筋をつけます。

3

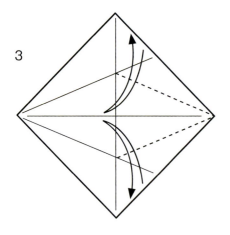

図の位置まで折り筋をつけます。

4

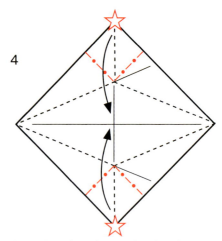

☆をつまんで、折り線通りに真ん中に寄せます。

たとう

5
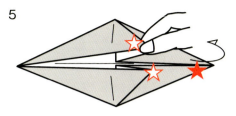

折っているところ
☆部分を両側に倒して折り筋をつけます。
★部分を後ろ側に倒します。

6

上の1組のみ、半分に折り、折り筋をつけます。

7
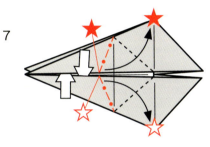

あいだを開いて上の1枚のみ★ー★、
☆ー☆にあうように折ります。

8
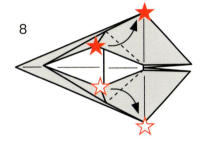

開いているところ

9
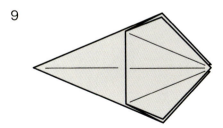

折ったところ
裏も6〜9図まで同様にします。

10

あいだを開いて上の1枚のみ図の位置で
谷折りします。裏も同様にします。

71

セット商品の紹介

色紙たとう入り「女雛男雛」
6,700円(税別)

折りやすい15㌢角和紙
(本書とじ込みの折り紙と同じもの)
48枚入(段飾り紙つき)／800円(税別)

檀紙白／赤柾 各2枚入り
(女雛男雛用、サイズ:柾版)
2組4枚／600円(税別)

10人揃え雛入り小箱
(箱のサイズ:約w14.5×d20.5×h4cm)
千代箱入り／25,000円(税別)
千代箱のみ1,200円(税別)

## 監修者について

**小林一夫（Kobayashi Kazuo）**

1941年、東京都文京区湯島に生まれる。東京・御茶ノ水にある「おりがみ会館」館長。安政5年（1858年）創業の和紙の老舗「ゆしまの小林」4代目、会長。内閣府認証 NPO法人国際おりがみ協会理事長、文部省・高等学校教員資格を有す。折り紙の展示や、教室の開催、講演などを通じ、和紙、文化の普及と継承に力を注ぐ。その活動は日本のみならず世界各国に及び、日本文化の紹介、国際交流にもつとめている。

近著に『折り紙は泣いている』（愛育社）、『千代紙』（KADOKAWA）、『おりがみBOOK』（二見書房）、『福を呼ぶおりがみ』（朝日新聞出版）の他『飾って華やか季節のブロック折り紙』（PHP研究所）、『英訳付き折り紙帖』（池田書店）の監修など海外版も含め出版は200冊以上にのぼる。テレビ出演、講演活動多数。

| | |
|---|---|
| 折図作成 | 湯浅 信江(ゆあさ のぶえ) |
| 作品制作 | 渡部 浩美(わたべ ひろみ) |
| ブックデザイン | 山下三千夫(やました みちお) |

## 伝承 折りひな　かやら草うつし

2018年　3月10日　初版第一刷印刷
2018年　3月20日　初版第一刷発行

監修者　小林一夫
発行者　森下紀夫
発行所　論創社

東京都千代田区神田神保町 2-23　北井ビル
tel. 03-3264-5254　fax. 03-3264-5232
振替口座 00160-1-155266

印刷・製本　中央精版印刷
ISBN978-4-8460-1699-9　©2018　Printed in Japan
落丁・乱丁本はお取り替えいたします。

本書には、歌詞(歌い出し)からの引用がなされていますが、本書は著作権法第32条(引用)に該当する著作物で、引用は「公正な慣行」に合致し、「目的上正当な範囲内」で行なわれています。